AF190369

Tucholsky Wagner Zola Scott Sydow Freud Schlegel

Turgenev Wallace Fonatne

Walther von der Vogelweide Fouqué Friedrich II. von Preußen

Twain Weber Freiligrath Frey

Kant Ernst

Fechner Fichte Weiße Rose von Fallersleben Richthofen Frommel

Hölderlin

Engels Fielding Eichendorff Tacitus Dumas

Fehrs Faber Flaubert

Maximilian I. von Habsburg Fock Eliasberg Ebner Eschenbach

Feuerbach Ewald Eliot Zweig Vergil

Goethe Elisabeth von Österreich London

Mendelssohn Balzac Shakespeare Ganghofer

Lichtenberg Rathenau Dostojewski

Trackl Stevenson Doyle Gjellerup

Mommsen Thoma Tolstoi Lenz Hambruch Droste-Hülshoff

Dach Verne von Arnim Hägele Hauff Humboldt

Karrillon Reuter Rousseau Hagen Hauptmann Gautier

Garschin

Damaschke Defoe Hebbel Baudelaire

Descartes Hegel Kussmaul Herder

Wolfram von Eschenbach Schopenhauer

Bronner Darwin Dickens Grimm Jerome Rilke George

Melville Bebel

Campe Horváth Aristoteles Proust

Bismarck Vigny Barlach Voltaire Federer Herodot

Gengenbach Heine

Storm Casanova Tersteegen Grillparzer Georgy

Chamberlain Lessing Langbein Gilm Gryphius

Brentano Lafontaine

Strachwitz Claudius Schiller Kralik Iffland Sokrates

Bellamy Schilling

Katharina II. von Rußland Gerstäcker Raabe Gibbon Tschechow

Löns Hesse Hoffmann Gogol Wilde Vulpius

Luther Heym Hofmannsthal Gleim

Klee Hölty Morgenstern

Roth Heyse Klopstock Goedicke

Luxemburg Puschkin Homer Kleist

Machiavelli La Roche Horaz Mörike Musil

Navarra Aurel Musset Kierkegaard Kraft Kraus

Nestroy Marie de France Lamprecht Kind Kirchhoff Hugo Moltke

Laotse Ipsen Liebknecht

Nietzsche Nansen Marx Lassalle Gorki Klett Ringelnatz

von Ossietzky May vom Stein Lawrence Leibniz Irving

Petalozzi Platon Knigge

Sachs Poe Pückler Michelangelo Kock Kafka

de Sade Praetorius Liebermann Korolenko

Mistral Zetkin

Der Verlag tradition aus Hamburg veröffentlicht in der Reihe **TRADITION CLASSICS** Werke aus mehr als zwei Jahrtausenden. Diese waren zu einem Großteil vergriffen oder nur noch antiquarisch erhältlich.

Symbolfigur für **TRADITION CLASSICS** ist Johannes Gutenberg (1400 — 1468), der Erfinder des Buchdrucks mit Metalllettern und der Druckerpresse.

Mit der Buchreihe **TRADITION CLASSICS** verfolgt tradition das Ziel, tausende Klassiker der Weltliteratur verschiedener Sprachen wieder als gedruckte Bücher aufzulegen – und das weltweit!

Die Buchreihe dient zur Bewahrung der Literatur und Förderung der Kultur. Sie trägt so dazu bei, dass viele tausend Werke nicht in Vergessenheit geraten.

Tao Te King. Nachdichtung von Bodo Kirchner

Neufassung und Nachdichtung von Bodo Kirchner

Laotse

Impressum

Autor: Laotse
Übersetzung: Bodo Kirchner
Umschlagkonzept: toepferschumann, Berlin

Verlag: tredition GmbH, Hamburg
ISBN: 978-3-8424-1593-5
Printed in Germany

Ziel der TREDITION CLASSICS ist es, tausende deutsch- und fremdsprachige Klassiker wieder in Buchform verfügbar zu machen. Die Werke wurden eingescannt und digitalisiert. Dadurch können etwaige Fehler nicht komplett ausgeschlossen werden. Unsere Kooperationspartner und wir von tredition versuchen, die Werke bestmöglich zu bearbeiten. Sollten Sie trotzdem einen Fehler finden, bitten wir diesen zu entschuldigen. Die Rechtschreibung der Originalausgabe wurde unverändert übernommen. Daher können sich hinsichtlich der Schreibweise Widersprüche zu der heutigen Rechtschreibung ergeben.

Text der Originalausgabe

Lao Tse

Tao Te King

Neufassung und Nachdichtung von Bodo Kirchner

Salzburg, 2000

Für meinen Vater

1. Vom Ursprung des Tao

Der Weg, der beschrieben werden kann
ist nicht der ewige Weg
Der Name, der genannt werden kann
ist nicht der ewige Name

Das Namenlose ist der Ursprung des Himmels und der Erde
Das Namhafte ist die Mutter aller Dinge

Darum:
Wer ohne Begehren ist
sieht das Innere
wer voll Begehren ist
sieht nur das Äußere

Der Ursprung ist der gleiche
die Namen sind verschieden
Ihre Einheit ist dunkel
dunkel im Dunkel
- das Tor zum Geheimnis

2. Vom Gegensatz

Wer da sagt Schön

schafft zugleich Unschön

Wer da sagt Gut

schafft zugleich Ungut

Sein bedingt Nichtsein

Schwer ergänzt Leicht

Lang bemisst Kurz

Hoch erzeugt Niedrig

Laut bestimmt Leise

Jetzt folgt Einst

Darum der Weise:

handelt ohne Tun

lehrt ohne Worte

Dinge entstehen und vergehen

er erzeugt, ohne zu besitzen

er handelt, ohne zu erwarten

er vollendet, ohne zu verweilen

Indem er sein Werk vergisst

bleibt es unvergessen

3. Vom Ausgleich

Begabte nicht zu bevorzugen

hilft Streit zu vermeiden

Schätze nicht zu sammeln

hilft Diebstahl zu verhindern

Begehrenswertes nicht zu beachten

hilft Verwirrung vorzubeugen

Darum der Weise:

Er leert das Herz

und füllt den Bauch

Er mindert das Begehren

und mehrt die Kraft

Er lehrt das Volk

Einfachheit und Genügsamkeit

Er lehrt die Wissenden

nicht einzugreifen

Er wirkt ohne Handeln

und nichts bleibt ungetan

4. Vom Wesen des Tao

Das Tao ist leer

sein Gebrauch

unerschöpflich

in seiner Tiefe

der Ursprung aller Dinge

Es bricht die Schärfe

löst die Verwirrung

mindert den Glanz

findet den Grund

Still verschwiegen, tief verborgen

weiß ich nicht, woher es kommt

Es ist der Ursprung des Himmels

5. Von der Natur

Himmel und Erde sind gleichgültig

alle Dinge sind ohne Bedeutung

Die Weisen sind gleichgültig

alle Menschen sind ohne Bedeutung

Der Raum zwischen Himmel und Erde

ist wie ein Blasebalg

seine Leere ist seine Fülle

Viele Worte sind schnell erschöpft

besser ist, das Innere zu bewahren.

6. Vom Tiefgründigen

Die tiefe Ruhe ist unvergänglich

Sie ist das tiefe Weibliche

des tiefen Weiblichen Pforte

die Wurzel des Himmels und der Erde

Wer sie bewahrt

wirkt ohne Mühe.

7. Von der Selbstlosigkeit

Himmel und Erde sind immer und ewig.

Warum sind sie immer und ewig?

Weil sie nicht sich selber leben

darum leben sie selbst

immer und ewig

Darum der Weise:

er tritt zurück

daher ist er voraus

er verliert sich selbst

und bewahrt sich dabei selbst

Ist es nicht so:

weil er selbstlos ist

kann er sich selbst vollenden

8. Vom Weg des Wassers

Das höchste Gut ist wie Wasser

Wasser ist gut

allen Wesen zu dienen

Es bemüht sich nicht

und bleibt an Orten

die Menschen verachten.

Darin gleicht es dem Tao

Der Wert des Hauses liegt im Ort

Der Wert des Herzens liegt in der Tiefe

Der Wert des Miteinander liegt in der Güte

Der Wert der Rede liegt in der Wahrheit

Der Wert der Führung liegt in der Ordnung

Der Wert der Arbeit liegt im Können

Der Wert des Handelns liegt im Zeitpunkt

Kein Begehren – kein Tadel

9. Von der Gefahr des Erfolgs

Besser ein Gefäß ungefüllt lassen
als bis zum Rande füllen
Besser ein Schwert nicht schärfen
als durch Schleifen abzustumpfen

Ein Haus voller Reichtum
ist auf Dauer nicht zu schützen
Der Stolz auf Ehre und Ruhm
ist der Beginn des Unheils

Ist das Werk getan
tritt der Weise zurück
Das ist der Weg des Himmels

10. Vom Wirken

Wenn du die Seele förderst und das Eine umfängst

kannst du ungeteilt sein

Wenn du dich hingibst und biegsam wirst

kannst du wie ein Kind sein

Wenn du die Einsicht reinigst und läuterst

kannst du makellos sein

Wenn du das Volk liebst beim Lenken des Reiches

kannst du tatenlos sein

Wenn du die Tore des Himmels öffnest und schliesst

kannst du nährend sein

Wenn du klar und durchdringend bist

kannst du unwissend sein

Erzeugen und ernähren

Innehaben doch nicht zu besitzen

Wirken doch nicht beanspruchen

Leiten doch nicht zu beherrschen

das ist ursprüngliche Tugend

11. Vom Nutzen der Leere

Dreißig Speichen treffen die Nabe

Die Leere in der Mitte

macht das Rad

Ton formt man zu einem Krug

Die Leere in der Mitte

macht das Gefäß

Türen und Fenster bricht man in Mauern

Die Leere in der Mitte

macht das Haus

Darum:

Die Form entsteht aus dem Sein

Die Verwendung aus dem Nicht-Sein

12. Vom Überfluss

Zuviele Farben gefährden das Sehen

Zuviele Töne töten das Hören

Zuviele Kost kostet den Geschmack

Zuviel Zerstreuung erzeugt Verwirrung

Zuviel Besitz besitzt den Besitzenden

Darum der Weise:

achtet auf das Innere

nicht auf das Äußere

Er gibt jenes auf

und erhält dieses

13. Vom Selbst

Glück und Unglück verursachen Furcht
Leben und Tod liegen in unserem Selbst

Was heißt:
Glück und Unglück verursachen Furcht?

Glück zu erlangen,
Glück zu verlieren
ist zu fürchten

Was heißt:
Leben und Tod liegen in unserem Selbst?

Die Wurzel unserer Angst
liegt im Selbst
Wenn wir selbstlos sind
wovor sollten wir Angst haben?

Darum:
Wer die Welt als sein Selbst achtet
dem kann man die Welt überlassen
Wer die Welt als sein Selbst liebt
dem kann man die Welt anvertrauen

14. Vom Urtümlichen

Wer es ansieht, sieht es nicht

es ist das Unsichtbare

Wer es anhört, hört es nicht

es ist das Unhörbare

Wer es anfasst, fasst es nicht

es ist das Unfassbare

Diese Drei sind untrennbar

sie sind verbunden und das Eine

Sein Aufgehen ohne Helligkeit

sein Untergehen ohne Dunkelheit

Es ist das Unendliche

Es ist das Unnennbare

Es verschwindet im Wiederkehren

Es ist die Form des Formlosen

Es ist das Bild des Bildlosen

unbegreiflich und unerkennbar

Vor ihm ist kein Anfang

Nach ihm ist kein Ende

Wer dem Tao der Vergangenheit folgt

führt das Dasein in der Gegenwart

Wer um den Anfang weiß

kennt den rechten Weg

15. Von den alten Weisen

Die alten Weisen

waren im Tao bewandert

weise und tiefsinnig

verborgen und unerkannt

nicht zu ergründen

nur zu beschreiben:

Ihre Haltung war

behutsam, wie beim Überqueren eines Flusses im Winter

vorsichtig, wie bei drohender Gefahr

zurückhaltend, wie willkommene Gäste

nachgebend, wie schmelzendes Eis

einfach, wie rohes Holz

offen, wie ein weites Tal

anspruchslos, wie trübes Wasser

Wer wie ein trübes Wasser sein kann

kann in Stille zur Klarheit gelangen

Wer in Bewegung behutsam ist

kann in Ruhe zur Beständigkeit gelangen

Wer dem Weg folgt

sucht nicht den Überfluss

Weil er nicht den Überfluss sucht

bleibt er unvollendet

weder alt noch neu

16. Vom Ewigen

Erreiche die große Leere

bewahre die tiefe Stille

Alle Dinge entstehen und vergehen

betrachte ihre Wiederkehr

Alles kehrt zum Ursprung zurück

Die Rückkehr zum Ursprung ist Stille

dies ist der Weg der Natur

Der Weg der Natur ist ewig

Das Ewige zu kennen bringt Einsicht

Das Ewige nicht zu kennen bringt Unheil

Das Ewige zu kennen macht geduldig

geduldig zu sein macht redlich

redlich zu sein macht edel

edel zu sein macht natürlich

natürlich zu sein ist der rechte Weg

Wer den rechten Weg geht

ist ohne Zeit

selbst wenn er vergeht

dauert er fort

17. Vom Herrscher

Die besten Herrscher waren kaum gekannt

die folgenden geliebt und geehrt

die folgenden gefürchtet

die letzten verachtet

Wer selbst kein Vertrauen hat

wird auch kein Vertrauen finden

Wählt er seine Weisung mit Bedacht

werden die Werke vollendet

dem Willen willfahren

und das Volk sagt:

Wir sind frei

18. Vom Verfall

Wird der rechte Weg verlassen

entstehen Güte und Moral

Wissen und Klugheit kommen auf

und große Heuchelei folgt

Zerbricht die Eintracht der Familie

entsteht Kindespflicht und Elternliebe

Wenn das Land in Wirren und Chaos gerät

treten ergebene Staatsdiener auf

19. Von der Schlichtheit

Brich mit der Weisheit

verwerfe die Klugheit

das Volk wird vielfachen Nutzen haben

Brich mit dem Wohlwollen

verwerfe die Pflichten

das Volk wird wie eine Familie sein

Brich mit der Geschicklichkeit

verwerfe den Vorteil

Räuber und Diebe werden verschwinden

Diese Drei sind äußerlich

für sich selbst ungenügend

Darum folge den Grundsätzen:

Erkenne das Einfache

Pflege das Schlichte

Lege die Selbstsucht ab

Mäßige das Verlangen

20. Von der Freiheit

Gib das Wissen auf
Sei ohne Angst

Gibt es einen Unterschied zwischen Ja und Nein?
Gibt es einen Unterschied zwischen Gut und Böse?
Muss ich fürchten, was alle fürchten?
Welch ein Unsinn !

Die Masse freut sich am Tieropfer
und im Frühling am Besteigen der Berge
Ich allein bleibe still, ohne Schicksal
wie ein neugeborenes Kind
wie einer ohne Heimat

Andere besitzen in Fülle
mich erfüllt Besitzlosigkeit
ich bin wie ein Narr
verloren und verwirrt
Andere scheinen hell und klar
ich scheine dunkel und trübe
Andere scheinen klug und erleuchtet
ich scheine dumm und umnachtet
schwankend wie das Meer
haltlos wie der Wind

Andere sind geschäftig

ich bin fern wie ein Einsiedler

Ich bin anders als die andern

mich ernährt die Große Mutter

21. Vom Unfassbaren

Die höchste Tugend ist
dem rechten Weg zu folgen
Der rechte Weg ist
unfassbar und unbegreiflich

Unfassbar und unbegreiflich
ist sein innerstes Bild
Unfassbar und unbegreiflich
ist seine innerste Form
Verborgen und unergründlich
ist sein innerstes Wesen

Sein Wesen ist die Wirklichkeit
Sein Innerstes ist die Wahrheit
von damals bis heute
ist sein Name immer gleich
am Anfang aller Dinge

Woher ich vom Anfang aller Dinge weiß?
Eben durch dies

22. Vom Sichbescheiden

Was nachgibt, wird vollkommen

was biegsam ist, wird gerade

was leer ist, wird voll

was vergeht, wird neu

was zuwenig ist, wird bereichernd

was zuviel ist, wird verwirrend

Darum hält sich der Weise an das Eine

und wird zum Vorbild der Welt:

Er beachtet sich nicht

und ist darum geachtet

Er schätzt sich nicht

und ist darum geschätzt

Er rühmt sich nicht

und ist darum berühmt

Er bewundert sich nicht

und wird darum bewundert

Weil er nicht streitet

kann niemand mit ihm streiten

Ist es nicht wahr,

was die Alten sagten?

Was nachgibt, wird vollkommen

So waren sie vollkommen

23. Vom Einswerden

Die Natur spricht wenig
Ein Sturmwind dauert keinen Morgen
ein Platzregen dauert keinen Tag
Beides bewirkt die Natur

Wenn die Natur nicht dauert
wieviel weniger der Mensch

Darum:
Wer dem rechten Weg folgt
wird eins mit dem Weg
Wer der rechten Tugend folgt
wird eins mit der Tugend
Wer der Leere folgt
wird eins mit der Leere

Wer eins wird mit dem rechten Weg
den nimmt der rechte Weg freudig auf
Wer eins wird mit der Tugend
und nimmt die Tugend freudig auf
Wer eins wird mit der Leere
den nimmt die Leere freudig auf

Wer nicht genügend vertraut

wird kein Vertrauen finden

24. Von der Übertreibung

Wer auf den Zehen steht

steht nicht gut

Wer seine Beine spreizt

geht nicht gut

Wer sich zur Schau stellt

ist nicht erleuchtet

Wer selbstgerecht ist

wird nicht geachtet

Wer sich selbst rühmt

hat keine Ehre

Wer sich selbst bewundert

hat keine Größe

In Hinblick auf den rechten Weg

ist dies nutzlose Übertreibung

jeder verabscheut es

Darum:

Wer auf dem rechten Weg ist

hält sich nicht damit auf

25. Von der Größe des Tao

Ehe Himmel und Erde entstanden
bestand ein geheimnisvoll Unbestimmtes
schweigend, abgeschieden,
einzig und unwandelbar,
ewig kreisend in Bewegung
es gilt als Mutter der Welt

Ich kenne seinen Namen nicht
ich nenne es Tao
sein Name ist groß
groß heißt vergehend
vergehend heißt entfernt
entfernt heißt wiederkehrend

Darum:
Das Tao ist groß
der Himmel ist groß
die Erde ist groß
der Mensch ist auch groß
das sind die vier Großen des Alls
Der Mensch ist einer davon

Der Mensch folgt der Erde
die Erde folgt dem Himmel

der Himmel folgt dem Tao

Das Tao folgt sich selbst

26. Vom Schweren

Das Schwere begründet das Leichte
Die Stille beruhigt das Laute

Darum reist der Weise leicht
und nimmt das Schwere mit sich
Glanz lässt ihn gelassen

Wenn der Herrscher
die Welt leichtnimmt
wird er leichtfertig
und verliert den Halt
wird er rastlos
verliert er die Herrschaft

27. Vom Vorteil des Mangels

Ein guter Weg hat keine Spur

eine gute Rede keine Schrift

ein guter Rechner keine Rechnung

ein gutes Tor keinen Riegel

- und ist doch nicht zu öffnen

ein guter Knoten zieht nicht fest

- und ist doch nicht zu lösen

Darum der Weise

nimmt sich aller Menschen an

und schließt niemanden aus

Er nimmt sich aller Dinge an

und verwirft nichts

Er erhellt alles

So ist der Weise

dem Schwachen ein Lehrer

der Schwache

dem Weisen eine Hilfe

Wer den Lehrer nicht schätzt

und die Hilfe nicht annimmt

geht in die Irre

so klug er auch sein mag

Darin liegt das Geheimnis

28. Vom Bewahren

Erkenne das Männliche

bewahre das Weibliche

darauf beruht die Welt

Wer die Welt bewahrt

ist der Tugend nah

wie ein kleines Kind

Erkenne das Helle

bewahre das Dunkle

sei der Welt ein Vorbild

Wer der Welt ein Vorbild ist

erhält die Tugend

und kehrt zurück

ins Unendliche

Erkenne den Ruhm

bewahre die Bescheidenheit

sei die Tiefe der Welt

Wer die Tiefe der Welt ist

ist von Tugend erfüllt

und kehrt zurück

ins Einfache

Wer das Einfache teilt

macht daraus Nützliches

Macht der Weise sich nützlich

wird ein Beamter aus ihm

Darum teilt das Tao nicht

29. Vom Nicht-Tun

Wer sich der Welt bemächtigen

und sie verändern will

dem wird es nicht gelingen

denn die Welt ist ein heiliges Gefäß

sie kann nicht verbessert werden

Wer sie verändert, verdirbt sie

wer sie festhält, verliert sie

In der Ordnung der Natur

ist Führen und Folgen

Einatmen und Ausatmen

Stärke und Schwäche

Aufstieg und Fall

Darum meidet der Weise

das Großartige

das Besondere

das Übermaß

30. Vom Krieg

Wer auf dem rechten Weg
den Herrscher berät
ist gegen Waffengewalt

Unter Waffen gehen
heißt untergehen
Hinter den Heeren
wachsen Disteln und Dornen
Große Armeen
bringen große Armut

Erreiche dein Ziel
das ist genug
Vertraue nicht den Waffen
Erreiche dein Ziel
ohne Stolz
ohne Prahlen
ohne Hochmut
aus Notwendigkeit
aber hüte dich
vor der Gewalt

Denn nach dem Sieg
folgt der Niedergang

ohne den rechten Weg

Ohne den rechten Weg
geht es rasch zu Ende

31. Von den Waffen

Waffen sind Werkzeuge des Unglücks
bei allen Geschöpfen verhasst
Wer den rechten Weg geht
der läßt sie liegen

Der Weise liebt das Schöpferische
der Krieger liebt das Zerstörerische
Waffen sind Werkzeuge des Unglücks
und nicht Werkzeuge des Weisen
Er verwendet sie nur
wenn er keine Wahl hat
Ruhe und Friede sind ihm das Höchste

Und ein Sieg ist kein Grund zur Freude
Freude am Siegen ist Freude am Töten
Wer jedoch Freude am Töten hat
wird in der Welt keine Erfüllung finden

Wenn viele Menschen getötet werden
müssen sie voll Kummer betrauert werden
Darum ist jeder Sieg eine Trauerfeier

32. Von der Einheit des Tao

Der rechte Weg ist ewig
von namenloser Schlichtheit
und obwohl unscheinbar
kann er nicht erfasst werden

Wären die Herrscher fähig
den Weg zu bewahren
würden alle Wesen folgen
Himmel und Erde sich vereinigen
um süßen Tau zu regnen
und das Volk, ohne Zwang
wäre redlich und einig.

Beginnt die Unterscheidung
so entstehen Begriffe
Wenn Begriffe auftauchen
ist es besser innezuhalten
Weiß man innezuhalten
entsteht keine Gefahr

Der rechte Weg ist in der Welt
wie Bäche und Flüsse
in den Strömen und Meeren

33. Vom Weisen

Wer andere kennt ist klug

wer sich selbst kennt ist weise

Wer andere überwindet ist stark

wer sich selbst überwindet ist mächtig

Wer genügsam ist, der ist reich

wer beharrlich ist, der ist ausdauernd

wer seine Mitte nicht verliert, der dauert

Wer stirbt, doch nicht vergeht

lebt in ewiger Gegenwart

34. Vom Wirken des Tao

Das große Tao fließt überall
rechts oder links
alle Wesen vertrauen ihm
und werden nicht enttäuscht
Ist das Werk vollendet
fordert es nichts

Es kleidet und nährt alle Wesen
ohne sie zu beherrschen
ohne Denken, ohne Ziel
erscheint es sehr klein

Es ist die Heimat aller Dinge
ohne sie zu beherrschen
erscheint es sehr groß

Es bewirkt Großes
jedoch nicht für sich selbst
Darum ist es wahrhaft groß

35. Vom Weitergehen

Folge dem Einen Weg

und die ganze Welt folgt

ohne Leid und in Frieden

in ruhigem Gleichgewicht

Bietet sich Musik und Speise

bleibt der Wanderer gerne stehen

Der rechte Weg jedoch

ist ohne Wohlklang und Würze

Bei allem Schauen

ist er nicht zu sehen

Bei allem Lauschen

ist er nicht zu hören

Sein Nutzen ist ohne Ende

er erschöpft sich nie

36. Vom tiefen Zusammenhang

Was geschmälert werden soll
muss zuvor ausgedehnt werden
Was geschwächt werden soll
muss zuvor verstärkt werden
Was gestürzt werden soll
muss zuvor erhöht werden
Was genommen werden soll
muss zuvor gegeben werden

Dies erkennen heißt
die tiefen Zusammenhänge erkennen:
Das Weiche und Schwache
überwindet das Harte und Starke

Fische sollen in der Tiefe des Wassers bleiben
Eine große Macht soll ihre Überlegenheit nicht zeigen

37. Vom Nicht-Handeln

Das Tao handelt nicht

doch nichts bleibt ungetan

Wären die Herrscher fähig

dem rechten Weg zu folgen

würden alle Menschen

sich ihrer Natur nach entfalten

Das Begehren zu handeln

kann nur durch das Einfache

das Namenlose und Ursprüngliche

gestillt werden

Das Einfache ist wunschlos

Das Wunschlose ist ohne Tun

und die Welt ordnet sich von selbst

38. Vom Niedergang

Der Weise strebt nicht nach Weisheit
darum ist er weise
der Wohlwollende strebt nach Weisheit
darum ist er nicht weise

Der Weise handelt nicht, ohne Absicht
der Wohlwollende handelt nicht, mit Absicht
Der Menschliche handelt ohne Absicht
der Gerechte handelt mit Absicht
der Gesetzestreue handelt
und folgt ihm keiner
erzwingt er es

Darum:
Wenn die Weisheit verlorengeht
herrscht Wohlwollen
Wenn das Wohlwollen verlorengeht
herrscht Menschlichkeit
Wenn die Menschlichkeit verlorengeht
herrscht Gerechtigkeit
Wenn die Gerechtigkeit verlorengeht
herrscht Gesetzestreue

Doch die Gesetzestreue

ist nur dürftige Redlichkeit

und der Beginn der Verwirrung

Wissen ist nur glänzender Schein

und der Beginn der Unwissenheit

Darum verweilt der Weise

bei der Fülle des Tao

nicht bei dessen Dürftigkeit

bei seiner Wirklichkeit

nicht bei dessen Schein

Darum läßt er jenes

und nimmt dieses an

39. Vom Einklang

Einst war alles im Einklang mit dem Einen:

Der Einklang des Himmels schafft Klarheit
der Einklang der Erde schafft Beständigkeit
der Einklang der Geister schafft Erleuchtung
der Einklang der Quellen schafft Fülle
der Einklang der Wesen schafft Leben
der Einklang der Herrscher schafft Frieden

Ohne Klarheit würde der Himmel zerbrechen
ohne Beständigkeit würde die Erde zerfallen
ohne Erleuchtung würden die Geister vergehen
ohne Fülle würden die Quellen versiegen
ohne Leben würden die Wesen sterben
ohne Frieden würden die Herrscher stürzen

Darum ist das Niedrige die Wurzel des Hohen
das Demütige die Grundlage des Erhabenen
Darum betrachten sich die Herrscher als gemein
weil sie im gemeinen Volk wurzeln

Wer die Teile des Ganzen entfernt
zerstört das Ganze

Glänze nicht wie Jade

sei einfach, wie ein Stein

40. Von der Wiederkehr

Wiederkehr ist der Weg des Tao

Nachgiebigkeit die Weise des Tao

Alles wird aus dem Sein geboren

das Sein jedoch aus dem Nicht-Sein

41. Von den großen Gegensätzen

Wenn der Kluge vom rechten Weg hört

bemüht er sich, ihm zu folgen

Wenn der Mittelmäßige von ihm hört

folgt und verliert er ihn

Wenn der Törichte von ihm hört

lacht er schallend

Wenn er nicht darüber lacht

wäre es nicht der rechte Weg

Darum heißt es:

Der rechte Weg verschwindet im Dunkel

ein Schritt voran ist wie ein Schritt zurück

der ebene Weg scheint wie ein Auf und Ab

Die höchste Tugend erscheint wie niedrig

der größte Wert erscheint wie unwert

der wahre Reichtum wie unzureichend

innere Stärke erscheint wie Schwäche

die reine Wahrheit erscheint wie Täuschung

Der vollkommene Raum hat kein Ende

das vollkommene Gefäß keine Form

der vollkommene Klang keinen Ton

die vollkommene Form kein Bild

Der rechte Weg ist verborgen und namenlos

er erhält und vollendet alles

42. Vom Wissen um die Gegensätze

Aus dem Tao entsteht die Einheit

aus der Einheit der Gegensatz

aus dem Gegensatz die Vielfalt

aus der Vielfalt die ganze Welt

Die ganze Welt

trägt in sich das dunkle Yin

und um sich das lichte Yang

durch die Kraft der Leere

bleiben diese im Einklang

Die Menschen wollen nicht

einsam und unwürdig sein

und doch bezeichnen sich

die Herrscher gerade so

      Denn man gewinnt durch Verlust

      und verliert durch Gewinn

      Was andere lehren, das lehre auch ich:

      Ein starker Herrscher

      nimmt kein gutes Ende

      Das ist der Ursprung meiner Lehre

43. Vom Wirken ohne Tun

Das Nachgiebige überwindet das Starre

Das Formlose durchdringt die Form

Deshalb weiß ich :

Wirken entsteht durch Nicht-Tun

Lehren ohne Worte

Wirken ohne Tun

wenigen gelingt dies

44. Von der Genügsamkeit

Ruhm oder Leben
was zählt mehr?
Besitz oder Leben
Was wiegt mehr?

Besitz gewinnen
sich selbst verlieren
was ist schlimmer?

Wer viel begehrt
verausgabt sich
Wer viel besitzt
verliert sich

Wer Fülle meidet
erreicht Erfüllung
Wer inne hält
erhält inneren Halt
und bleibt
sich selbst erhalten

45. Von der Vollkommenheit

Die größte Vollkommenheit:
erscheint sie unvollkommen
so ist sie brauchbar

Die größte Fülle:
erscheint sie leer
so ist sie unerschöpflich

Das höchst Gerade ist wie krumm
das höchst Gescheite ist wie dumm
das höchst Beredte ist wie stumm

Bewegung überwindet Erstarrung
Besonnenheit überwindet Erregung

Stille und Klarheit
bewirken Ordnung
in der Welt

46. Vom Genügen

Wenn die Welt dem rechten Weg folgt

ziehen die Pferde den Jauchewagen

Wenn die Welt den rechten Weg verläßt

züchtet man Streitrosse an den Grenzen

Keine größere Schwäche

als das Begehren

Kein größeres Unheil

als Unzufriedenheit

Keine größere Sünde

als die Habgier

Erkenne darum

dass genug genug ist

und immer genügen wird

47. Vom Inneren Wissen

Ohne aus dem Haus zu gehen

kannst du die Welt erkennen

Ohne aus dem Fenster zu sehen

kannst du den rechten Weg erkennen

Je weiter deine Reise dich fortführt

desto geringer deine Erkenntnis

Darum der Weise:

erkennt ohne zu reisen

versteht ohne zu sehen

vollendet ohne zu handeln

48. Vom Nicht-Tun

Wer Gelehrsamkeit sucht

lernt täglich dazu

Wer den rechten Weg sucht

verliert täglich etwas

weniger und weniger

bis das Nicht-Tun erreicht ist

Wird nichts mehr getan

bleibt nichts ungetan

Durch Nicht-Tun

wird die Welt gewonnen

Durch Tun

wird die Welt verloren

49. Vom Weisen und dem Volk

Der Weise hat keine Sorge um sich
er hat Sorge um alle Menschen

Er ist gut zu den Guten
er ist gut zu den Schlechten
denn Tugend ist Güte

Er ist ehrlich zu den Ehrlichen
er ist ehrlich zu den Unehrlichen
denn Tugend ist Ehrlichkeit

Der Weise lebt behutsam und demütig
alle richten ihre Herzen auf ihn
er achtet alle wie seine Kinder

50. Vom Tod und Leben

Mit der Geburt
tritt der Tod ins Leben

Es sind dreizehn Pfade des Lebens
es sind dreizehn Pfade des Todes
dreizehn Pfade vom Leben zum Tode

Warum ist das so?
Weil die Menschen
innerhalb des Lebens
ihr Leben verschwenden

Jedoch
wer das Leben
recht zu führen weiß
der durchwandert die Welt
und trifft weder Nashorn noch Tiger
der geht durch ein Kriegsheer
und trägt weder Panzer noch Waffe

Das Horn des Nashorns findet ihn nicht
Die Pranke des Tigers findet ihn nicht
Die Waffe des Kriegers findet ihn nicht

Warum ist das so ?

Weil der Weise

außerhalb des Todes

sein Leben bewahrt

51. Von der tiefen Tugend

Alle Wesen entstehen aus dem Tao

Der rechte Weg erzeugt sie

die rechte Tugend nährt sie

das rechte Wesen formt sie

der rechte Einfluss vollendet sie

Darum ehren alle Wesen das Tao

und achten die Tugend

Tao wird geehrt

die Tugend geachtet

ohne Anordnung

wie von selbst

Denn

der rechte Weg erzeugt sie

die Tugend nährt sie

versorgt und beschirmt sie

läßt sie wachsen und reifen

Erzeugen und nicht besitzen

Wirken ohne zu erwarten

Fördern ohne zu beherrschen

Das heißt tiefe Tugend

52. Vom Mütterlichen

Der Anfang der Welt
ist die Mutter der Welt
Wer die Mutter erkennt
erkennt sich als Kind
wer als Kind sich erkennt
bewahrt seine Mutter
und fürchtet das Ende nicht

Wer seine Worte mindert
und seine Türen schließt
ist am Ende mühelos

Wer seine Worte mehrt
und geschäftig handelt
ist am Ende hoffnungslos

Das Beachten des Kleinen
nennt man Klarheit
Das Bewahren der Nachgiebigkeit
nennt man Stärke

Dem inneren Licht zu folgen
führt zur Einsicht zurück
und bewahrt vor Unheil

Das heißt:

Die Erfahrung des Unendlichen

53. Vom Verlassen des rechten Wegs

Wer Erkenntnis gewinnt

geht auf dem rechten Weg

und vermeidet alle Umwege

Der rechte Weg ist gerade

das Volk liebt die Umwege

Der Hof prächtig geschmückt

die Felder voll Unkraut

die Scheunen leer

die Kleider voll Prunk

mit scharfem Dolch gegürtet

übersatt von Trank und Speise

sind Schätze und Reichtümer angehäuft

Das ist Maßlosigkeit und Räuberei

und sicher nicht der rechte Weg

54. Von der Entwicklung der Tugend

Gut Gegründetes wird nicht erschüttert

gut Gehegtes wird nicht entgleiten

so wird es von den Nachfahren

gepflegt und geachtet

Entwickle Tugend in dir selbst

und die Tugend wird wahrhaft sein

Entwickle Tugend in der Familie

und die Tugend wird reichlich sein

Entwickle Tugend im Dorf

und die Tugend wird gedeihen

Entwickle Tugend im Staat

und die Tugend wird wachsen

Entwickle Tugend in der Welt

und die Tugend wird überall sein

Darum:

Betrachte den Einzelnen als Einzelnen

betrachte die Familie als Familie

betrachte das Dorf als Dorf

betrachte den Staat als Staat

betrachte die Welt als Welt

Warum weiß ich

dass die Welt so ist?

Eben durch dieses

55. Vom Kind

Wer von Tugend erfüllt ist

ist wie ein neugeborenes Kind

giftige Insekten stechen es nicht

wilde Bestien beißen es nicht

Raubvögel greifen es nicht

Seine Knochen sind weich

seine Muskeln sind schwach

aber sein Griff ist fest

Es weiß noch nichts von Mann und Frau

doch sein Geschlecht

zeigt und erregt sich schon

Es ist voller Lebenskraft

es schreit den ganzen Tag

und wird davon nicht heiser

in vollendetem Einklang

Das Wissen vom Einklang

ist das Unendliche

Das Wissen vom Unendlichen

ist die Erleuchtung

Zunehmendes Alter bringt Unheil

zunehmender Willen bringt Stärke

zunehmende Stärke bringt Erstarrung

Das ist nicht mehr der rechte Weg

daher geht es bald zu Ende

56. Vom Schweigen

Wer weiß, redet nicht

wer redet, weiß nicht

Beende das Gerede

schließe die Türen

dämpfe den Eifer

löse die Verwirrung

mindere den Glanz

finde den Grund

Das heißt eins werden mit dem Ursprung

Wer dies erreicht hat

wird von Liebe und Hass nicht erschüttert

wird von Gewinn und Verlust nicht berührt

wird von Ehre und Schande nicht betroffen

Darum wird er von allen geschätzt

57. Von der Mühelosigkeit

Durch rechtschaffene Leitung des Staates

durch seltenen Gebrauch der Waffen

durch Nicht-Tun gewinnst du die Welt

Woher ich weiß, dass dies so ist ?

Darum:

Je mehr Verwaltung umso mehr Armut

je mehr Waffen umso mehr Gewalt

je mehr Geschick umso mehr Hinterlist

je mehr Gesetze umso mehr Verbrechen

Darum sagt der Weise:

Tue nichts

und das Volk wandelt sich von selbst

Achte auf die Stille

und das Volk bessert sich von selbst

Sei ohne Mühe

und das Volk versorgt sich von selbst

Sei ohne Wunsch

und das Volk bescheidet sich von selbst

58. Von der Mitte

Ist die Regierung kaum spürbar

ist das Volk redlich und einfach

Ist die Regierung aber ehrgeizig

ist das Volk verschlagen und falsch

Erfolg stützt sich auf Elend

Erfolg birgt Elend unter sich

Wer kennt das Ende ?

Recht wird zu Unrecht

Ordnung zu Unordnung

und die Verwirrung wächst

Daher ist der Weise

klar aber nicht verletzend

treffend aber nicht durchdringend

freimütig aber nicht rücksichtslos

erhellend aber nicht blendend

59. Von der Mäßigung

Im Sorgen für andere
und im Dienste des Himmels
ist nichts so wichtig
wie die Mäßigung

Mäßigung bedeutet frühes Nachgeben
Frühes Nachgeben bedeutet
Sammeln der Tugend

Mit gesammelter Tugend
ist nichts unerreichbar
Ist nichts unerreichbar
gibt es keine Grenzen
Gibt es keine Grenzen
ist das Reich regierbar

Im Einklang mit dem Mütterlichen
kann der Staat bestehen und gedeihen

Das heißt:
Tiefe Wurzeln und ein fester Grund
bieten Sicherheit und langes Leben
wenn der rechte Weg beachtet wird

60. Vom Regieren

Ein großes Reich regieren
ist wie das Braten kleiner Fische

Auf dem rechten Weg
das Reich regieren –
dann wird das Böse
keine Macht haben

Nicht, dass das Böse nicht mächtig wäre
Aber seine Macht wird niemand schaden
Nicht nur wird sie niemandem schaden
auch die Herrscher schaden niemandem

Da die Tugend sie verbindet
tun beide keinen Schaden

61. Von der Bescheidenheit

Ein großes Reich sollte bescheiden sein
um die Welt in sich zu sammeln
wie die Mutter der Dinge

Denn das Weibliche
überwindet das Männliche
durch Nachgiebigkeit

Darum:
Stellt sich ein großes Reich
unter ein kleines Reich
so gewinnt er das kleine Reich dazu
Stellt sich ein kleines Reich
unter ein großes Reich
so gewinnt es das große Reich dazu

Darum:
Wer siegen will
muss sich beugen
Wer herrschen will
muss dienen

Denn die großen Reiche wollen einen und fördern
die kleinen Reiche wollen beitreten und aufgehen

Um dies zu erreichen

muss das Große sich beugen

62. Vom rechten Weg des Wirkens

Der rechte Weg ist
der Ursprung aller Dinge
den guten Menschen ein Schatz
den schlechten Menschen ein Schutz

Schöne Worte können Ansehen erkaufen
gute Taten können Achtung gewinnen
schlechte Menschen soll man nicht aufgeben

So wird auch der Herrscher gekrönt
und die Regierung eingesetzt

Mag er auch jene bevorzugen
die ihren Reichtum zeigen
oder ihm vorauseilen
besser ist es
in Stille und Ruhe zu sitzen
und dem rechten Weg zu folgen

Was aber war der Grund
von jeher das Tao zu verehren?
Die Alten sagten:
Wer sucht, der findet
Wer seine Fehler erkennt

dem wird vergeben

Darum ist es der wahre Reichtum der Welt

63. Vom Beginnen

Tue durch Nicht-Tun

Wirke ohne Handeln

Genieße ohne Reiz

Vergrößere das Kleine

Mehre das Wenige

Vergelte Feindschaft

mit Wohlwollen

Plane das Schwierige im Leichten

Erreiche das Große im Kleinen

Denn das Schwierige beginnt im Leichten

Und das Große beginnt im Kleinen

Daher versucht der Weise

nichts Großes zu tun

und vollendet Großes

Doch wer viel verspricht

hält zumeist wenig

wer viel leichtnimmt

findet alles schwer

Darum hält der Weise

alles für schwer

und findet es leicht

64. Vom Bewahren des Anfangs

Ruhiges ist leicht zu halten
Offenes ist leicht zu planen
Dünnes Eis ist leicht zu schmelzen
Feiner Staub leicht zu zerstreuen

Wirke auf die Dinge bevor sie erschienen sind
Ordne die Dinge bevor sie verwirrt sind

Ein großer Baum wächst aus einem kleinen Spross
Ein großer Turm entsteht aus einem Häufchen Erde
Eine große Reise beginnt mit dem ersten Schritt

Wer handelt, verdirbt – wer festhält, verliert

Weil der Weise nicht handelt, verdirbt er nichts
Weil er nicht festhält, verliert er nichts

Die Menschen aber handeln
und vor der Vollendung zerstören sie alles
wären sie am Ende so behutsam wie zu Beginn
bliebe es unzerstört

Darum der Weise
wünscht wunschlos zu sein

schätzt keine Schätze

erlernt das Vergessen

achtet das Unbeachtete

fördert alle Wesen in ihrer Natur

ohne einzugreifen

65. Von der Gefahr der Klugheit

Die von jeher dem rechten Weg folgten

lehrten dem Volk keine Klugheit

sie wollten, dass es einfach bleibe

Wenn das Volk zuviel Klugheit anhäuft

ist es schwer zu regieren

Förderung der Klugheit

führt zur Unordnung im Reich

Förderung der Einfachheit

führt zur Ordnung im Reich

Diese beiden Möglichkeiten gibt es

sie zu verstehen ist tiefe Tugend

Die tiefe Tugend ist klar und weit

in der Aufhebung der Gegensätze

führt sie zum großen Einklang

66. Von der Demut

Warum führt das Meer die Ströme
die Ströme die Flüsse
die Flüsse die Quellen?
Weil sie niedriger sind als jene

Darum:
Um über das Volk erhaben zu sein
muss man sich darunter stellen
Um dem Volk voran zu gehen
muss man sich dahinter stellen

Darum ist der Weise
erhaben ohne das Volk zu bedrücken
führend ohne dem Volk zu schaden

So freut sich das Volk ihm zu folgen

Weil er sich nichts erstreitet
will niemand mit ihm streiten

67. Von den drei Schätzen

Die Welt sagt das Tao ist groß

aber unbegreiflich

Doch nur weil es groß ist

ist es unbegreiflich

Könnte es begriffen werden

wäre es bedeutungslos

Ich habe drei Schätze

die ich hüte und bewahre:

Der erste ist : Liebe

Der zweite ist : Genügsamkeit

Der dritte ist : Demut

Wer liebt, kann mutig sein

Wer genügsam ist, kann großzügig sein

Wer demütig ist, kann vorangehen

Wer mutig ist ohne Liebe

wer großzügig ist ohne Genügsamkeit

wer vorangeht ohne Demut

geht ins Verderben

Die Liebe ist siegreich im Angriff

unverwundbar in der Verteidigung

Wen der Himmel behüten will

den schützt er mit Liebe

68. Von der Friedfertigkeit

Ein guter Herrscher

braucht keine Gewalt

Ein guter Krieger

kämpft ohne Zorn

Ein guter Sieger

greift nicht an

Ein guter Anführer

hält sich zurück

Das ist die Tugend der Friedfertigkeit

des höchsten Umgangs mit Menschen

die höchste Einheit mit dem Himmel

das höchste Ziel der Vorfahren

69. Von der Vorsicht

Im Kampf gilt das Sprichwort:

Besser angegriffen werden
als selber anzugreifen
besser einen Fuß zurückweichen
als einen Zoll vorrücken

Das heißt:
Vorangehen ohne vorzugehen
zurückhalten ohne zu halten
abwehren ohne sich zu wehren
siegen ohne Waffen zu gebrauchen

Kein größeres Unheil
als leichtfertig anzugreifen
Wer leichtfertig angreift
verliert leicht seine Schätze

Darum:
Wo Waffen aufeinanderprallen
siegt der Nachgebende

70. Vom Verstehen

Meine Worte sind

leicht zu verstehen

leicht zu befolgen

Aber auf der Welt

ist niemand fähig

sie zu verstehen

sie zu befolgen

Meine Worte haben einen Ursprung

meine Taten haben eine Richtung

Weil sie diese nicht verstehen

verstehen sie auch mich nicht

Die wenigen, die sie verstehen

werden mich schätzen

Darum trägt der Weise

außen grobe Kleider

innen kostbare Jade

71. Vom Wissen

Wer nicht weiß, dass er weiß

ist weise

Wer weiß, daß er nicht weiß

ist leidend

Doch nur wer an diesem Leiden leidet

leidet darum nicht

Der Weise leidet nicht

weil er an diesem Leiden leidet

Darum leidet er nicht

72. Von der Achtung

Haben die Menschen keine Ehrfurcht

geschieht das Furchtbare

Achte ihre Häuser

Achte ihre Arbeit

Nur wenn du sie achtest

werden sie dich achten

Darum erkennt

der Weise sich selbst

aber zeigt sich nicht

Er achtet sich selbst

aber beachtet sich nicht

Darum

läßt er jenes

und hält sich an dieses

73. Vom Netz des Himmels

Der Verwegene wird vergehen
der Besonnene bleibt bestehen

Von diesen beiden ist
einer im Nachteil
einer im Vorteil

Wer kennt die Gründe des Himmels ?
Selbst der Weise nicht

Des Himmels Weg ist
Überwindung ohne Streit
Belohnung ohne Worte
Erscheinung ohne Ruf
Wirkung ohne Mühe

Des Himmels Netz ist endlos weit
so weit die Maschen sind geknüpft
so schlüpft doch nichts hindurch

74. Von der Todesstrafe

Wenn die Menschen
den Tod nicht fürchten
was hilft es
mit dem Tod zu drohen?

Wenn die Menschen
den Tod stets fürchten
was hilft es
den Verbrecher zu fassen
und zu töten ?

Der Tod selbst
ist oberster Vollstrecker
An seiner Stelle zu töten
ist wie das Führen der Axt
anstelle des Zimmermanns

Wer die Axt führt
anstelle des Zimmermanns
bleibt selten unverletzt

75. Von der Habgier

Das Volk hungert

weil die Oberen prassen

Darum hungert das Volk

Das Volk ist ungehorsam

weil die Oberen Gehorsam erpressen

Darum ist das Volk ungehorsam

Das Volk achtet das Leben gering

weil die Oberen nach dem Leben gieren

Darum achtet das Volk das Leben gering

Wer nicht an seinem Leben hängt

ist würdiger als jener

der nach seinem Leben giert

76. Vom Harten und Weichen

Der Mensch

tritt ins Leben

weich und zart

im Tode ist er

hart und starr

Alle Wesen

treten ins Leben

weich und zart

im Tode sind sie

trocken und hart

Darum

ist das Harte und Starre

Zeichen des Todes

das Weiche und Schwache

Zeichen des Lebens

Ist das Heer starr und stark

wird es untergehen

Ist der Baum hart und stark

wird er gefällt werden

Das Harte und Starke vergeht

Das Weiche und Schwache besteht

77. Vom Ausgleich

Der Weg des Himmels
ist wie das Spannen des Bogens:

Das Obere wird heruntergezogen
das Untere wird emporgehoben
Das Gebogene wird gestreckt
das Gestreckte wird gebogen

Des Himmels Weg ist
die Fülle zu mindern
die Leere zu füllen

Der Menschen Weg
ist jedoch:
denen zu nehmen
die zuwenig haben
und denen zu geben
die zuviel haben

Wer vermag es
genug zu haben
und allen zu geben?

Nur jener

der von Tao erfüllt ist

Darum wirkt der Weise ohne Erwartung
Vollendet sein Werk ohne Anspruch
wunschlos und vortrefflich

78. Vom Wasser

Nichts in der Welt
ist nachgiebiger und weicher als Wasser
doch nichts ist besser
um Hartes und Starkes zu überwinden
dank dem was es nicht ist
gelingt es ihm leicht

Das Weiche überwindet das Harte
das Schwache überwindet das Starke
Obwohl jeder es weiß
handelt keiner danach

Darum sagt der Weise:
Wer das Unheil auf sich nimmt
vermag das Land zu regieren
Wer das Unglück auf sich nimmt
vermag die Welt zu regieren

Oft klingt die Wahrheit widersinnig

79. Von der Schuld

Nach großem Streit

bleibt kleiner Streit

Wie das ändern?

Der Weise hält sich daher

an seine Seite des Vertrags

und erzwingt nicht die andere

Wer die rechte Tugend hat

erfüllt seine Pflichten

und vergißt die Schuld

Wem die rechte Tugend fehlt

fordert ein und pocht auf Schuld

Aber der Weg des Himmels ist gerecht

er wirkt durch den guten Menschen

80. Von der Unabhängigkeit

Klein sei das Reich

wenige das Volk

die Güter reich

der Verbrauch gering

das Leben wertvoll

die Reisen kurz

Boote und Wagen

werden nicht gebraucht

Rüstung und Waffen

werden nicht verwendet

Schnüre geknotet

statt zu schreiben

Die Speisen schmackhaft

die Kleidung passend

die Wohnung friedlich

die Gebräuche freudig

Die Nachbarn in der Nähe

dass Hunde und Hähne

zwar zu hören sind

aber ohne Besuch

und in Frieden

das Leben zu beschließen

81. Vom Weg des Himmels

Wahre Worte sind nicht schön

schöne Worte sind nicht wahr

Der Gute streitet nicht

der Streitende ist nicht gut

Der Wissende ist nicht gelehrt

Der Gelehrte unwissend

Der Weise sammelt keine Schätze

Je mehr er für andere wirkt

umso mehr gewinnt er selbst

Je mehr er den anderen gibt

umso größer ist sein Reichtum

Der Weg des Himmels ist

Nutzen ohne Schaden

Der Weg des Weisen ist

Wirken ohne Mühe

Nachwort

Lao Tse zu übersetzen, zu übertragen oder nachzudichten wird immer ein Versuch sein, *eine* Facette die Schönheit eines *ganzen* Juwels spiegeln zu lassen. So wie die chinesische Schrift jedem Zeichen viele Übersetzungsmöglichkeiten zukommen läßt, sind alle bisherigen (und zukünftigen) Versuche, ihn ins Deutsche zu übertragen, subjektiv und von der persönlichen Deutung des Interpreten geprägt. In diesem Sinn gibt es keine „richtigen" und „falschen"

Übersetzungen sondern eher wörtliche Übertragungen oder freie Nachdichtungen. In meiner Arbeit habe ich versucht, aus den bestehenden Texten eine einfache, klare und zeitgemäße Nachdichtung zu verfassen, die dennoch die Vieldeutigkeit und Tiefe der ursprünglichen taoistischen Gedankenwelt würdigt. Neben den bisherigen Übersetzern, die im Literaturverzeichnis genannt werden, und meine Bemühungen gefördert haben, gilt mein besonderer Dank meiner Frau und meinen Kindern, die die Konzentration auf die Arbeit ermöglicht und meine Abwesenheit ertragen haben und meinem Vater, dem ich diese 81 Kapitel zum 81. Lebensjahr widmen möchte – er hat mir Lao-Tse ursprünglich nahe gebracht.

Salzburg, im Juli 2000

Bodo Kirchner

Literaturverzeichnis

1. Gia-Fu Feng & Jane English: Tao Te King, Neubearbeitung 1972,1983 (3.Auflage)Hugendubel, München
2. Walter Jerven: Tao Te King, 1967, 1976 (7.Auflage)O.W.Barth, München
3. Erwin Rousselle: Führung und Kraft aus der Ewigkeit, 1985 (1.Auflage)Insel, Frankfurt/Main
4. Lau-Dsis Weg, 1987 (1.Auflage)Suhrkamp, Frankfurt/Main
5. Peter T. Ruggenthaler: Das Tao der Stärke,1996 (1.Auflage) Orac, Wien
6. Victor von Strauss: Tao Te King, 1959 (1.Auflage), Manesse, Zürich
7. Alexander Ular: Die Bahn und der rechte Weg des Lao Tse, Insel- Bücherei Bd.253, Leipzig
8. Jan Ulenbrook: Tao Te King, 1980 (1.Auflage) Ullstein, Frankfurt/Main
9. Jörg Weigand : Lao Tse: Weisheiten, 1982 (1.Auflage) Heyne, München
10. Richard Wilhelm : Lao Tse: Tao Te King, Diederichs, München 1973
11. R.L.Wing: Der Weg und die Kraft,1986,1987 Droemer-Knaur, München

12. Lin Yutang: Die Weisheit des Lao Tse, 1955, 1986 Fischer, Frankfurt/Main

Über tredition

Eigenes Buch veröffentlichen

tredition wurde 2006 in Hamburg gegründet und hat seither mehrere tausend Buchtitel veröffentlicht. Autoren veröffentlichen in wenigen leichten Schritten gedruckte Bücher, e-Books und audio-Books. tredition hat das Ziel, die beste und fairste Veröffentlichungsmöglichkeit für Autoren zu bieten.

tredition wurde mit der Erkenntnis gegründet, dass nur etwa jedes 200. bei Verlagen eingereichte Manuskript veröffentlicht wird. Dabei hat jedes Buch seinen Markt, also seine Leser. tredition sorgt dafür, dass für jedes Buch die Leserschaft auch erreicht wird.

Im einzigartigen Literatur-Netzwerk von tredition bieten zahlreiche Literatur-Partner (das sind Lektoren, Übersetzer, Hörbuchsprecher und Illustratoren) ihre Dienstleistung an, um Manuskripte zu verbessern oder die Vielfalt zu erhöhen. Autoren vereinbaren direkt mit den Literatur-Partnern die Konditionen ihrer Zusammenarbeit und partizipieren gemeinsam am Erfolg des Buches.

Das gesamte Verlagsprogramm von tredition ist bei allen stationären Buchhandlungen und Online-Buchhändlern wie z. B. Amazon erhältlich. e-Books stehen bei den führenden Online-Portalen (z. B. iBookstore von Apple oder Kindle von Amazon) zum Verkauf.

Einfach leicht ein Buch veröffentlichen: **www.tredition.de**

Eigene Buchreihe oder eigenen Verlag gründen

Seit 2009 bietet tredition sein Verlagskonzept auch als sogenanntes "White-Label" an. Das bedeutet, dass andere Unternehmen, Institutionen und Personen risikofrei und unkompliziert selbst zum Herausgeber von Büchern und Buchreihen unter eigener Marke werden können. tredition übernimmt dabei das komplette Herstellungs- und Distributionsrisiko.

Zahlreiche Zeitschriften-, Zeitungs- und Buchverlage, Universitäten, Forschungseinrichtungen u.v.m. nutzen diese Dienstleistung von tredition, um unter eigener Marke ohne Risiko Bücher zu verlegen.

Alle Informationen im Internet: **www.tredition.de/fuer-verlage**

tredition wurde mit mehreren Innovationspreisen ausgezeichnet, u. a. mit dem Webfuture Award und dem Innovationspreis der Buch Digitale.

tredition ist Mitglied im Börsenverein des Deutschen Buchhandels.

Dieses Werk elektronisch lesen

Dieses Werk ist Teil der Gutenberg-DE Edition DVD. Diese enthält das komplette Archiv des Projekt Gutenberg-DE. Die DVD ist im Internet erhältlich auf **http://gutenbergshop.abc.de**